THE SMURFS

똘똘이 스머프를 찾아라!

깊은 숲속 스머프 마을

파파 스머프께서 항상 말씀하셨어. 스머프 마을에서 바로 나, 똘똘이 스머프가 가장~ 똑똑하다고 말이야!

원작 **피에르 컬리포드**(Pierre Culliford)

필명은 페요(Peyo). 어린 시절 사촌이 '피에르'를 제대로 발음하지 못해서 '페요'로 부르던 것을 필명으로 삼았다. 1928년 벨기에 출생. 10대 시절, 나치 점령기에 영화관에서 영사 기사로 일했는데, 독일 선전부의 까다로운 검열로 싫증나는 영화들만 보는 와중에 〈로빈 후드의 모험〉과 〈백설 공주와 일곱 난쟁이〉에 심취했다. 그래서 전쟁이 끝나자 일러스트 공부를 시작, 이때 파트너 작가 이반 델포르트(Yvan Delporte)를 만나서 로빈 후드 풍의 중세 모험담 만화 〈요한 Johan〉(1947년)을 만들며 〈요한과 피위〉 시리즈를 탄생시켰다. 피위는 〈바위 숲의 꼬마 도깨비〉(1954년) 편에 조연 캐릭터로 등장시킨 꼬마 익살꾼이다. 그러다가 아홉 번째 에피소드인 〈구멍이 여섯 개 나 있는 플루트〉(1958년) 편에 '저주받은 땅에 사는 신비로운 꼬마 요정, 스머프'를 등장시켰는데, 본 캐릭터를 능가하는 인기를 끌면서 다음 에피소드에 연이어 등장했다. 결국 이듬해에 〈개구쟁이 스머프〉(1959년) 시리즈가 새롭게 시작되어 오늘날까지 전 세계적인 사랑을 받게 되었다. 2008년 벨기에 정부는 스머프 탄생 50주년을 기념해서 스머프 캐릭터가 새겨진 5유로 동전을 제작했다.

© Peyo – 2020 – Licensed through I.M.P.S. (Brussels) – www.smurf.com

Korean translation copyright©2020 by MIRBOOK COMPANY

이 책의 한국어판 저작권은 아시아나 에이전시를 통해 저작권자와 독점 계약한 미르북컴퍼니에 있습니다
저작권법에 의해 한국 내에서 보호를 받는 저작물이므로 무단 전재와 무단 복제를 금합니다.

THE SMURFS

똘똘이 스머프를 찾아라!

깊은 숲속 스머프 마을

더모던
Themodern L

아기 스머프
난 딸랑이 없이는
아무 데도 가지 않아요.
내가 너무 작고 귀여워서
잘 안 보이면 딸랑이를 찾으세요!

하모니 스머프
내 연주를 들어 볼래?
"삑!" 이런, 또 음 이탈이 났네.
손에서 트럼펫을 놓질 않고
연습하는데 정말 속상해.

만능이 스머프
난 파란 작업복을 입고
귀에 연필을 꽂고 다녀.
설계도를 그려서 무엇이든 만들지.

타잔 스머프
"아~ 아아~~!"
난 나뭇잎 모자에 샅바 차림이야.
나무를 타려면 가벼워야 하거든.

시인
난 깃털 펜을 들고 있어.
시상이 떠오르면
바로 받아 적어야 하거든!

스머페트
가가멜이 '차가운 심장'을
넣어서 날 만들었지만,
진짜 스머프가 되면서
따뜻하고 행복한 마음을 갖게 됐어.
이 예쁜 머리카락과 드레스 좀 봐!

익살이 스머프
"얘들아, 이거 내 선물이니까 받아."
히히, 폭탄 선물 상자가 "펑" 터질 때
깜짝 놀라는 표정들이
얼마나 재밌는지 몰라!

똘똘이 스머프
뭐든지 궁금한 게 있으면 말이야,
이 척척박사 똘똘이를 찾아오라고!
렌즈 닦을 때 말고는 늘 안경을
쓰니까, 찾기 쉬울 거야.

꼬마 스머프들

자연이
농부 스머프랑 헷갈려요?
밀짚모자만 보니까 그렇죠.
난 맨발이에요!
애벌레와 함께 있고요.

껑충이
난 번개 무늬의 노랑 티셔츠를 입어요.
음, 그게 말이죠. 내 성격과도 잘 맞대요.
성격도 급해서 자주 욱하거든요.

사세트
난 분홍색을
정말정말정말 사랑하는,
명랑한 말괄량이 꼬마 아가씨예요!

졸음이
게으른 게 아니라 졸린 거예……
흐냐, 아, 깜박 졸았어요.
네? 모자까지 졸려 보인다고요?

스머프
스머프들은 다들
흰 모자에 흰 바지 차림이야.
좀…… 구별하기 어렵지? 그러니까
각자의 특징들을 잘 기억해야 해.

허영이 스머프
"거울아 거울아,
내 모자에 분홍 꽃인들 안 어울리겠니?"
아유 참, 거울에서 눈을 뗄 수가 없네.

욕심이 스머프
난 먹는 게 제일 좋아!
그래서 절대로 음식을 남기지 않지.
그리고 세상엔 맛있는 게 너무 많아!

요리사 스머프
최고의 셰프라면 항상
모자와 앞치마를 갖춰 입어야지.
이 컵케이크 한번 먹어 볼래?

농부 스머프
난 향긋한 흙 내음이 좋아!
그래서 정원에서 채소를 가꾸지.
밀짚모자와 부츠는 목욕할 때만 벗어.

화가 스머프
이 나비 넥타이 어떠니?
내 그림은?
정말 예술적이지? 그렇지?

게으름이 스머프
"하아~ 암!" 베개를 들고 다녀야,
틈이 날 때 곧바로 잠들 수 있어.
난 자고 있을 테니까, 절대로 깨우지 마!

꿈돌이 스머프
우주에 가 본 사람? 나야, 나!
스웁프들을 본 사람? 나야, 나!
이 우주복과 헬멧이면, 이륙 준비 완료!

근육이 스머프
팔뚝의 하트 보여?
친구들의 힘든 일을
앞장서서 돕는 내 마음이야.
어때, 멋지지?

파파 스머프
에헴, 나는 542살,
이 마을의 최고 어른이란다.
문제가 생기면 언제든
빨강 모자와 흰 턱수염을 찾아오너라.

투덜이 스머프
재밌는 거 싫어!
재미 없는 것도 싫어!
뭐든 다 싫은 나도 싫어!

봄맞이 대청소

스머프 마을에 봄이 찾아왔어. 추워서 잔뜩 웅크렸던 겨울과 다르게, 따스한 봄볕에 행복이 아지랑이처럼 피어오르는 멋진 계절, 봄! 숲의 꽃과 나무들에 푸른 새싹이 움터서 싱그럽고 생기 있어 보여. 파파 스머프가 제안하셨어.
"얘들아. 우리도 마을을 산뜻하게 단장한 후에 성대한 파티를 열면 어떨까?"

댐 공사와 수상한 스머페트

여름에 홍수가 지면 스머프 강물이 마을로 범람하곤 해. 그래서 올봄에는 다 같이 튼튼한 댐을 짓기로 했어. 마을에 나타난 새 친구, 스머페트도 돕겠다고 따라나섰지. 그런데 뭔가 좀 수상해. 스머페트는 자꾸 방해만 하는 거야! "이렇게 커다란 댐이 분홍색이 아니면 얼마나 보기 흉하겠니? 저 수문은 작동되니? 잠깐 열어 볼래?"

가가멜의 오두막집 습격

스머페트는 사실 가가멜이 '차가운 심장'을 넣어서 만든 스파이였는데, 스머프들의 우정에 감동해서 '따뜻한 심장'을 가진 진짜 스머프가 되었어. 누구나 실수는 할 수 있단다. 진심으로 사과하고 바로잡으려고 노력하면 되는 거야. 하지만 못된 마법사 가가멜은 가만둘 수 없지! 자, 다들 앞으로 돌격!

끼야악~ 끼야악~ 괴물새의 출현

파파 스머프가 마법의 비료를 만들고 있었는데, 그만 실수로 약초를 너무 많이 넣어서 '식인 식물 비료'가 되어 버렸어. "이 위험한 물건을 숲 너머의 사막에 깊숙이 묻거라." 하지만 사막은 너무 멀었어. 근육이와 게으름이는 몰래 가까운 계곡에 버리고 돌아왔지. 그런데 그걸 아기새가 받아먹은 거야. 이를 어째! 비상, 비상, 괴물새가 나타났다!

개구리는 친구, 두꺼비는 마녀

파파 스머프는 자신의 실수로 큰 어려움을 겪은 스머프들에게 사과했어.
스머프들은 오랜만에 편안한 마음으로 다 같이 개구리들이 사는 늪으로 소풍을 왔지.
그런데 며칠 전, 마녀 호가타가 마법의 빗자루를 타고 날다가 벼락을 맞고
마법의 목걸이를 떨어뜨렸거든! 지금 두꺼비로 변신해서 숨어들었어. 조심해야 해!

서커스 소동

큰일 났어, 스머페트와 주책이가 산책을 나왔다가 사람에게 붙잡혔어! 그는 이 마을 저 마을 떠돌던 서커스 단원이었는데, 스머프들을 보고 깜짝 놀랐지. "세상에! 이 '꼬마 요정'들에게 서커스를 가르치면 돈을 왕창 벌 수 있겠어!" 다행히 스머프들은 마차 바퀴를 추적했고, 두 친구를 구출해서 함께 집으로 돌아왔단다. 힘든 일이 있을 때 도와준 친구가 있다는 건 정말 행복한 일이야!

사르사파릴라 스파게티

거인 빅마우스는 엄청난 먹보야. 욕심이보다 1만 배 더 먹는다니까! 그런데 가가멜의 거짓말에 속아서 우리를 잡아먹겠다는 거야. "스머프 수프가 세상에서 제일 맛있다!" 아니, 세상에서 제일 맛있는 건 바로 '사르사파릴라 스파게티'야! 어떤 맛이냐고? 말로 설명할 수가 없어. 나중에 우리 마을에 오면 대접할게!

우주에 사는 스읍프

"우주 여행을 하고 싶어요!" 꿈돌이가 생일 소원을 빌자 다들 걱정에 휩싸였어. 스머프의 생일 소원은 반드시 이뤄져야 하거든. 500년 넘게 지켜진 전통이야! 곰곰이 생각하던 파파 스머프가 꿈돌이에게 산딸기 주스를 건넸어. 우주선에서 잠에 곯아떨어졌다가 깼는데…… 세상에, 스머프와 똑 닮은 스읍프들이잖아!

함께 나눠먹는 가을

가을이야. 나무들이 낙엽을 떨구고 동물들은 겨울잠을 잘 준비가 한창이네. 스머프들도 숲에 나와서 부지런히 겨울 양식을 모았어. 스머프베리를 수레에 담고, 사과를 소쿠리에 줍고, 버섯을 따고, 고구마를 캐고……. 하지만 무엇이든 일부러 조금씩 남겨 두었단다. 동물들에게도 소중한 양식이니까 당연히 함께 나눠야지!

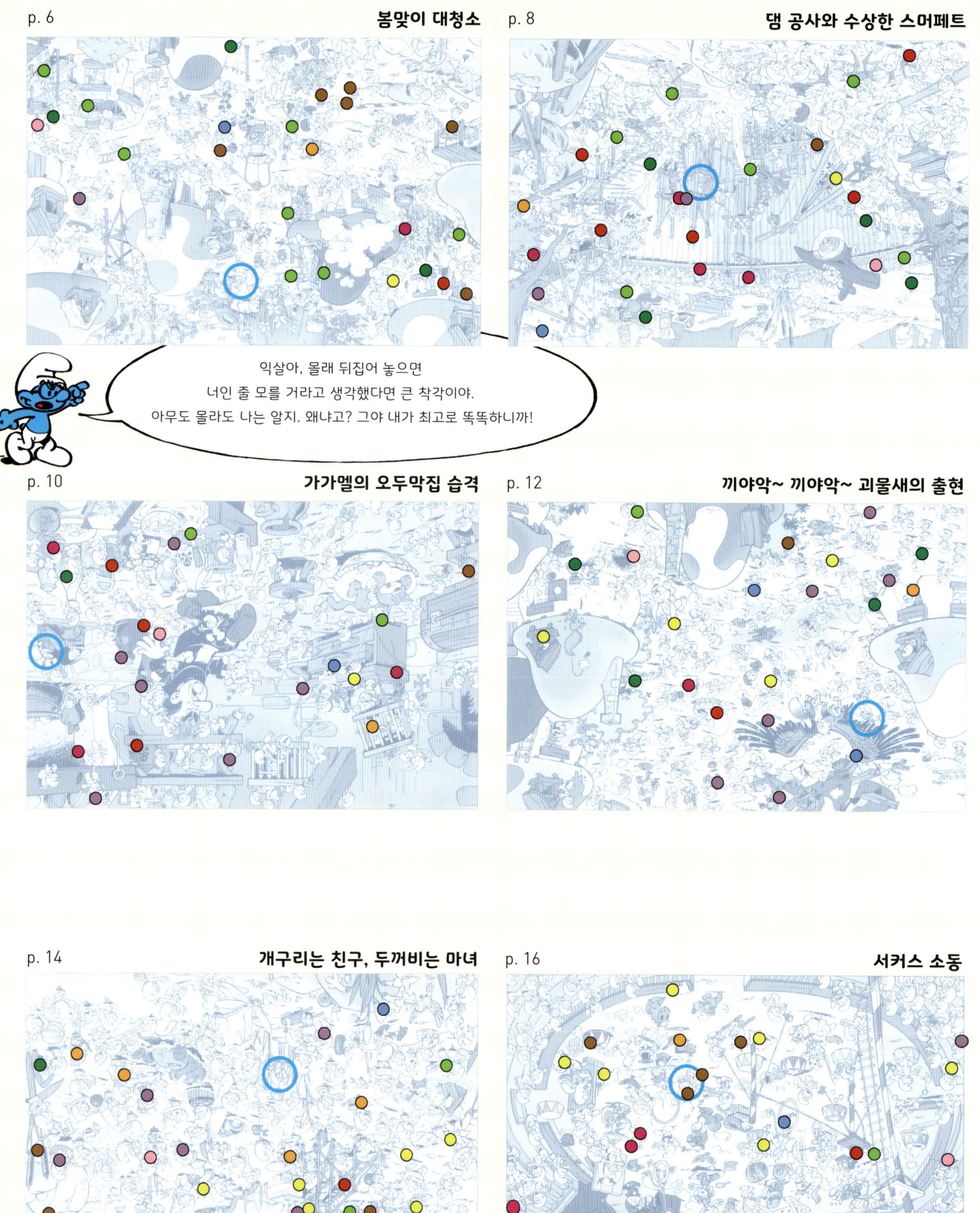

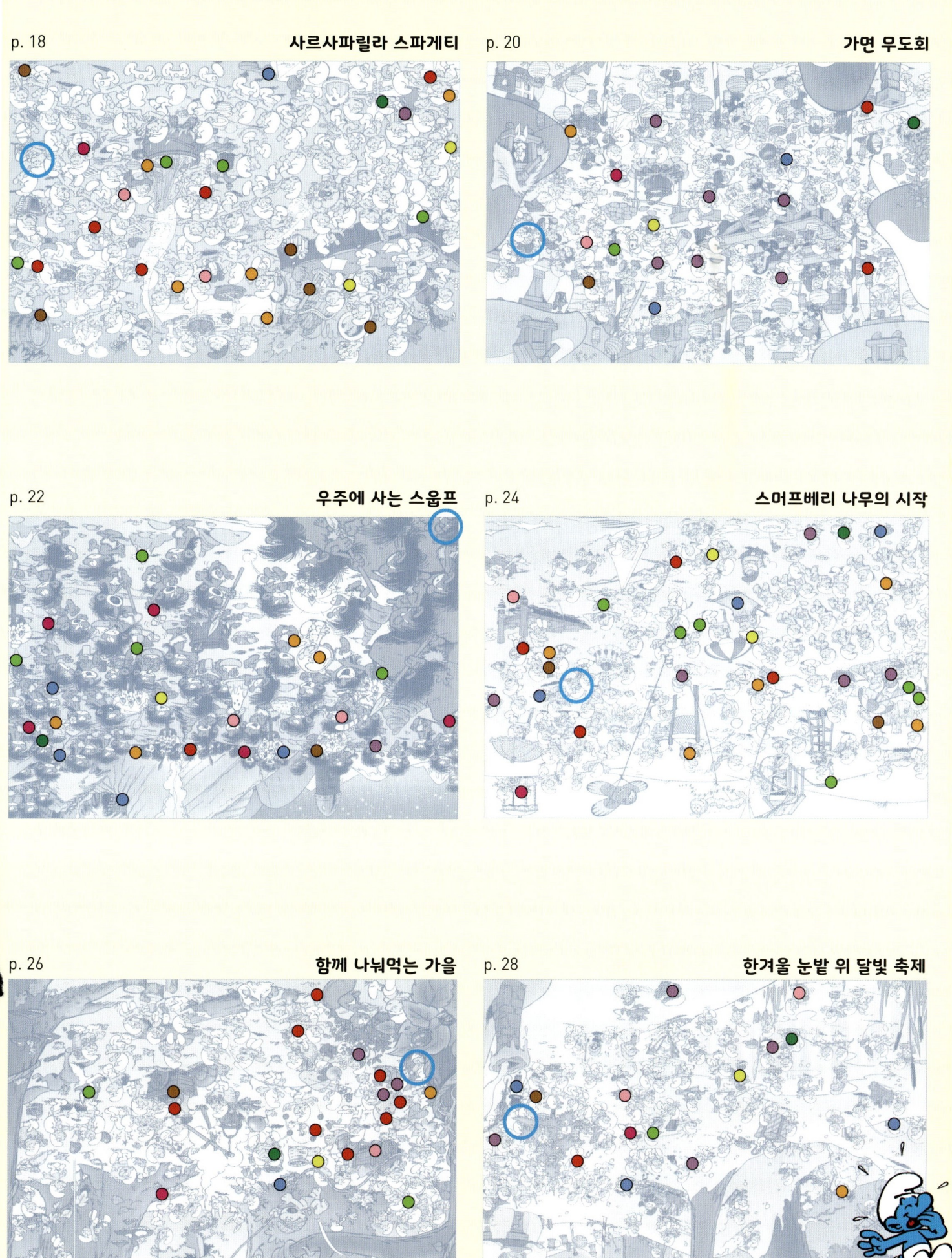

THE SMURFS

똘똘이 스머프를 찾아라!
깊은 숲속 스머프 마을

초판 1쇄 2020년 12월 25일

원작   피에르 컬리포드(페요)
각색   더모던 편집부

펴낸곳   더모던
전화   02-3141-4421
팩스   02-3141-4428
등록   2012년 3월 16일(제313-2012-81호)
주소   서울시 마포구 성미산로32길 12, 2층 (우 03983)
전자우편   sanhonjinju@naver.com
카페   cafe.naver.com/mirbookcompany

ISBN 979-11-6445-355-9 77840

* 파본은 책을 구입하신 서점에서 교환해 드립니다.
* 책값은 뒤표지에 있습니다.